PEROÁ
E TODAS AS ESPÉCIES DO MAR

Nara Salamunes

Ilustrações
Mayli Colla

BASE EDITORIAL

2.ª edição
2009

DADOS INTERNACIONAIS DE CATALOGAÇÃO
Bibliotecária responsável: Mara Rejane Vicente Teixeira

Salamunes, Nara.
　　Peroá e todas as espécies do mar / Nara Salamunes ; ilustrações Mayli Colla. - Curitiba : Base Editorial, 2009.
　　16 p. : il. ; 25 cm.

ISBN 978-85-7905-233-0

1. Conservação da natureza - Literatura infanto-juvenil. 2. Meio ambiente - Literatura infanto-juvenil. I. Colla, Mayli. II. Título.

CDD (22ª ed.)
808.899282

© 2008 – Base Editorial Ltda.
Todos os direitos reservados.

Direção geral
Base Editorial

Coordenação editorial
Oralda Adur de Souza

Revisão
Karina Dias Occaso de Sampaio

Projeto gráfico
Vicente Design

Ilustrações
Mayli Colla

Finalização
José Cabral Lima Jr.

BASE EDITORIAL
Base Editorial Ltda.
Rua Antônio Martin de Araújo, 343 • Jardim Botânico • CEP 80210-050
Tel.: (41) 3264-4114 • Fax: (41) 3264-8471 • Curitiba • Paraná
www.baseeditora.com.br • baseeditora@baseeditora.com.br

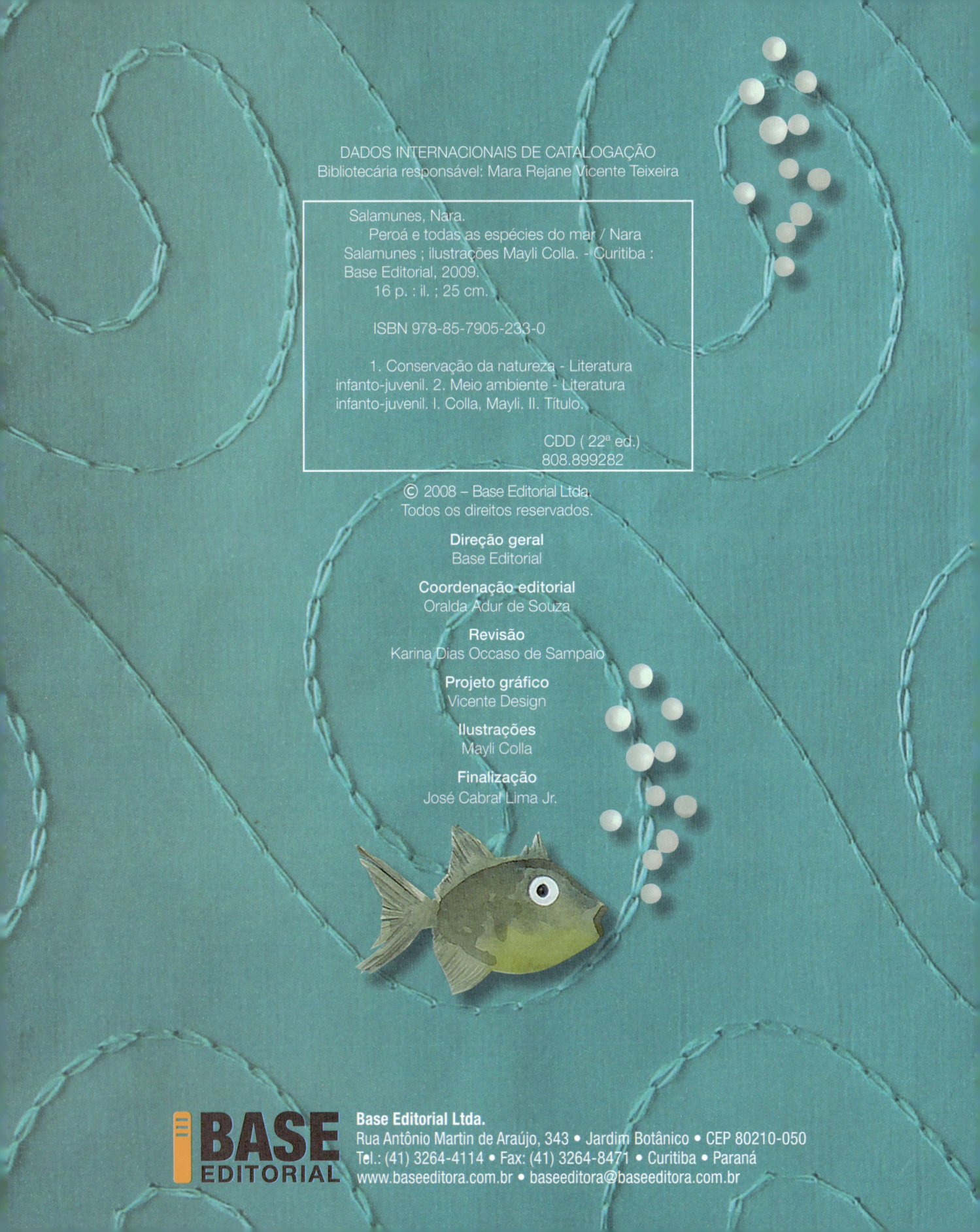

Apresentação

Queridos leitores,

Vocês já brincaram de esconde-esconde? Pois essa brincadeira é parecida com a que o Peroá está fazendo conosco.

Peroá é um animalzinho que mora no litoral brasileiro e, ao contrário do que deve acontecer sempre entre os participantes de uma brincadeira, ele entrou nessa contra a vontade. Ao ler este livro, você descobrirá por que isso aconteceu e saberá muitos jeitos de o Peroá poder brincar do que ele quiser. Só do que ele quiser.

Boa leitura!

— PROCURA-SE O PEROÁ,
QUE ESTÁ A SE ESCONDER!
— FOI DE TANTO PROCURÁ-LO
QUE ESTÁ QUASE A DESAPARECER!

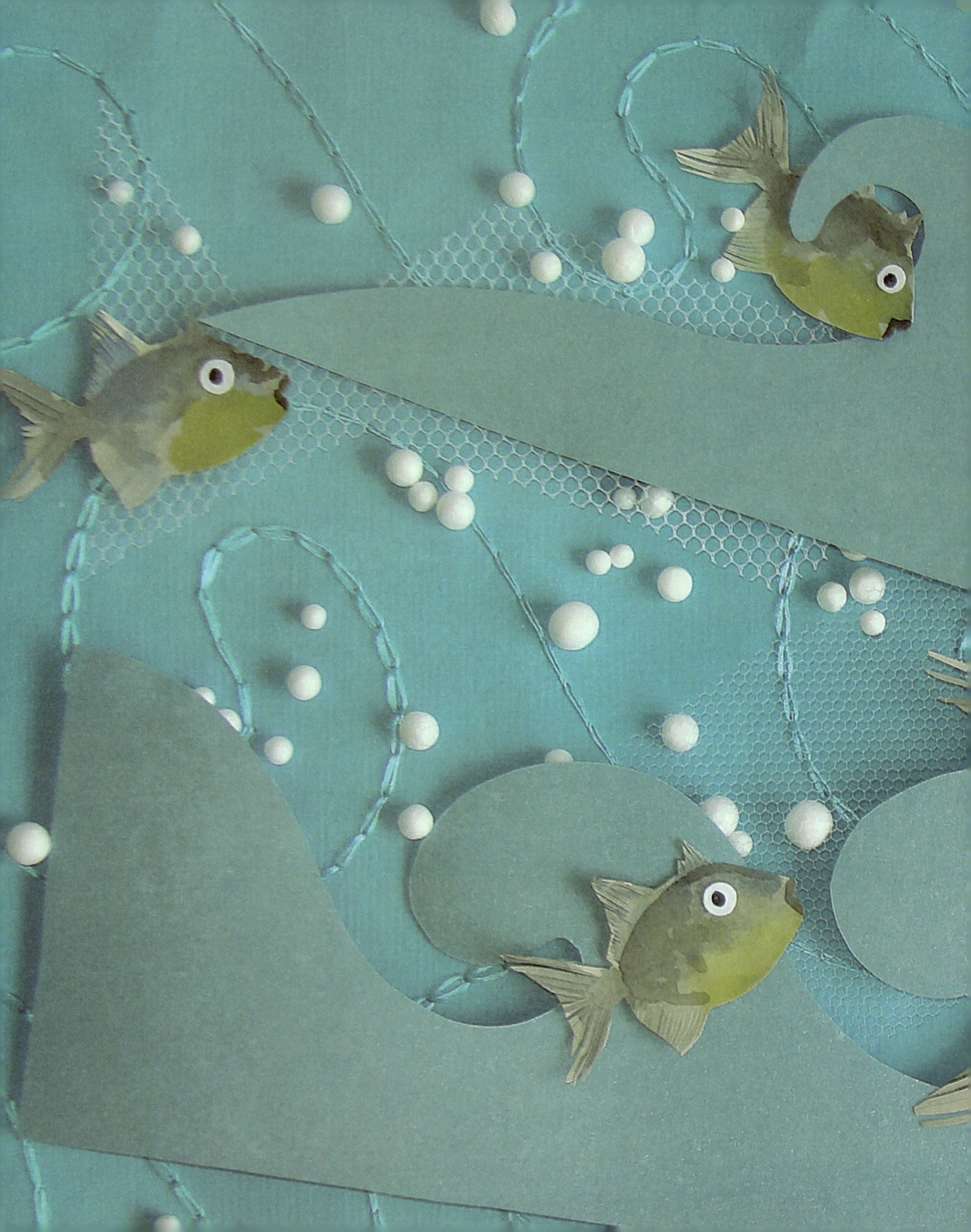

— PROCURA-SE O PEROÁ,
QUE ESTÁ A SE ESCONDER!

— DEIXE O PEIXE SOSSEGADO,
ELE QUER SOBREVIVER!

— PROCURA-SE O PEROÁ,
QUE ESTÁ A SE ESCONDER!

— PARA DE PROCURÁ-LO,
QUE ELE PRECISA REVIVER!

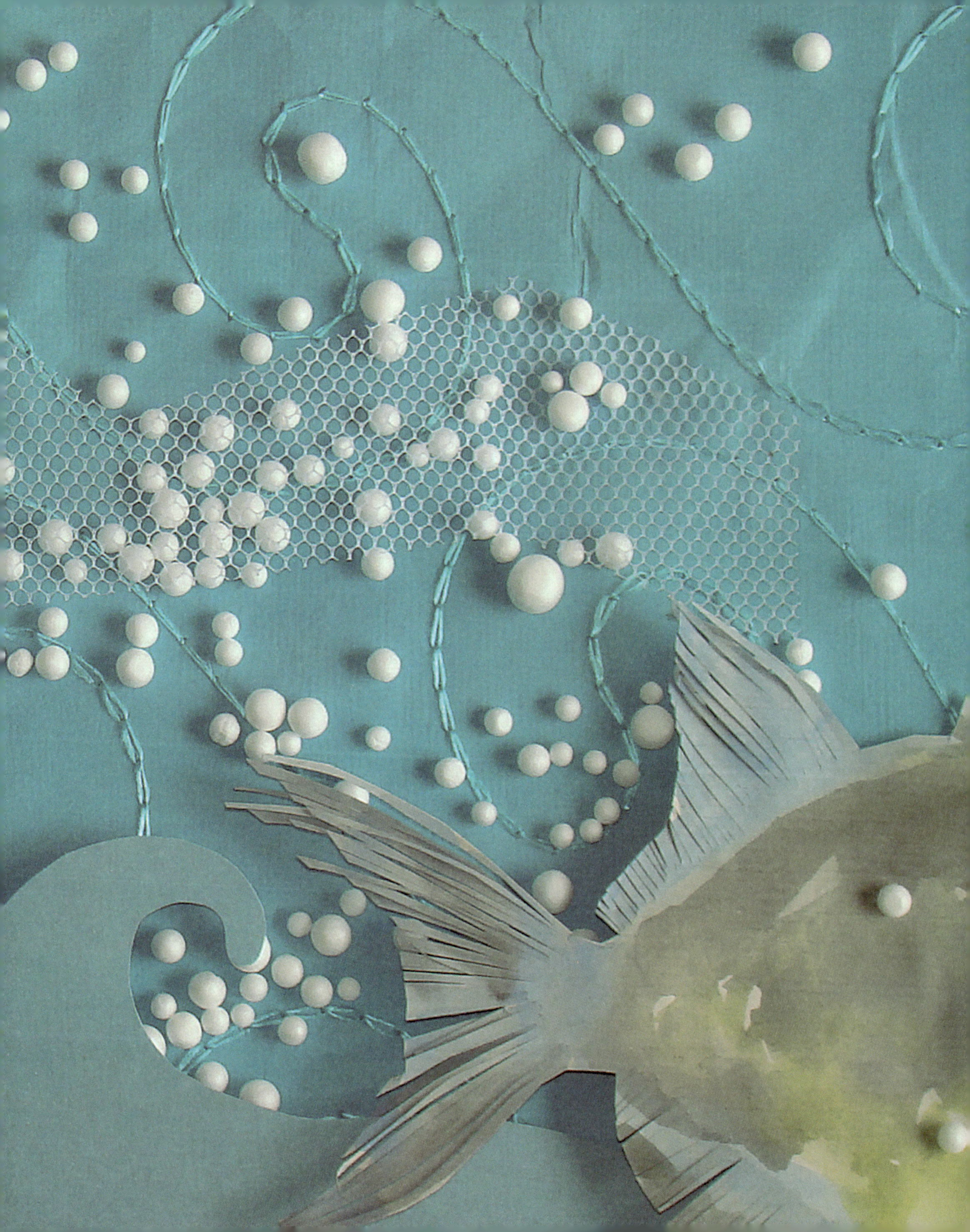

— PROCURA-SE O PEROÁ,
QUE ESTÁ A SE ESCONDER!
— DEIXE-O NADAR,
PORQUE DELE ESTÁ A DEPENDER!

— PROCURA-SE O PEROÁ,
QUE ESTÁ A SE ESCONDER!
— PESQUE SÓ COM ISCA,
SENÃO VAI SE ARREPENDER!

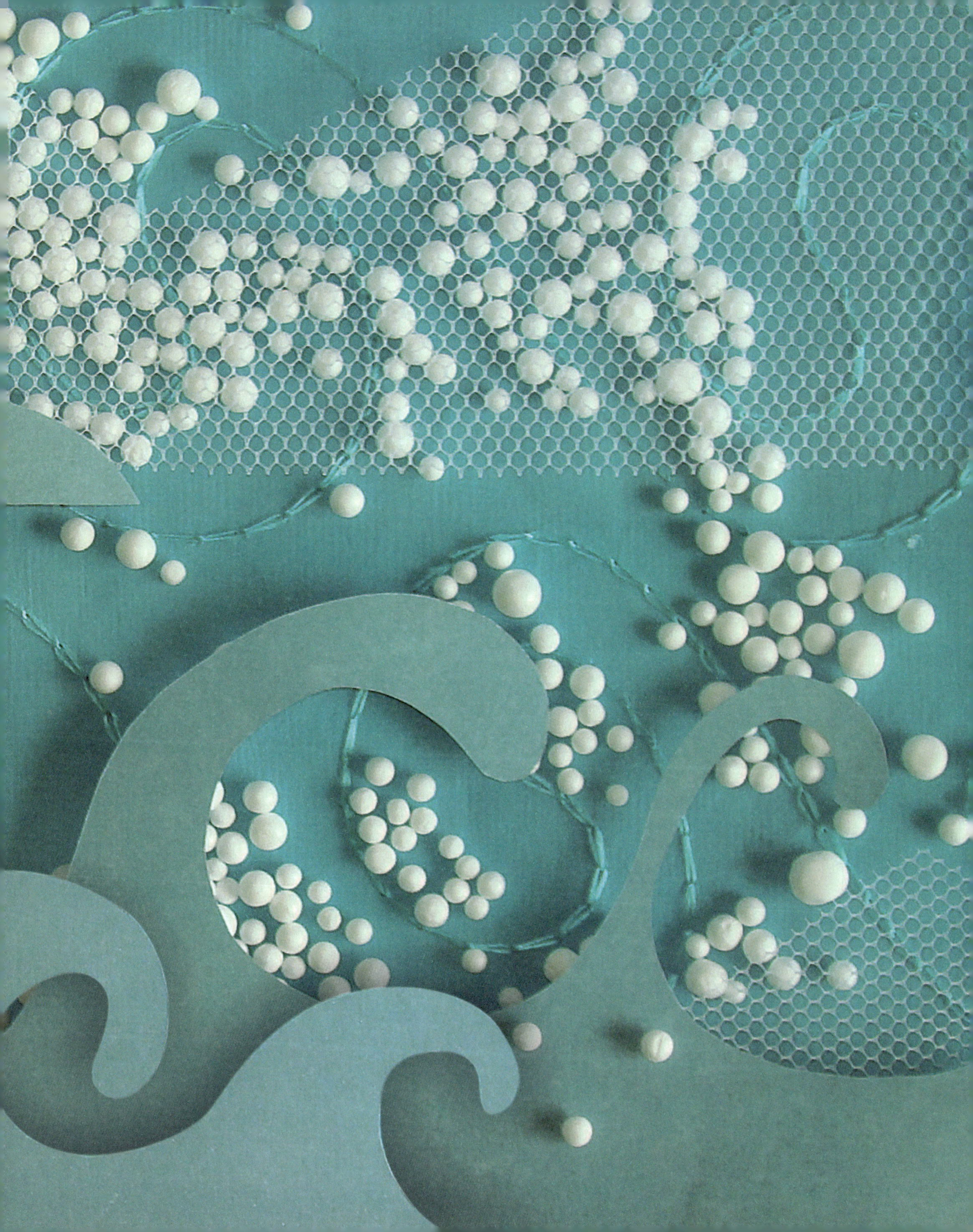

— PROCURA-SE O PEROÁ,
QUE ESTÁ A SE ESCONDER!
— LIMPE LOGO O SEU LUGAR.
DEIXE-O SE DESENVOLVER.

— PROCURA-SE O PEROÁ, QUE ESTÁ A SE ESCONDER!

CONVIVA COM O PEROÁ, E ELE VAI REAPARECER!

CONVIVA COM O PEROÁ, E COM TODAS AS ESPÉCIES DO MAR.